La tienda de bicicletas

Takahashi

T0284162

4

Índice

Capítulo 21

FIU...

...

EY, SALGO A COMER ALGO.

HASTA LA PRÓXIMA.

Tap
Tap

Buf, me he pasado comien— do.

Sí, pero estaba muy bueno.

¿Volve— mos a la próxi— ma?

ESTOY CORTANDO LAS CEBOLLETAS.

¡GRACIAS!

¿PUEDES CALENTAR EL BOL PARA LA MESA 3?

DE ACUERDO.

ES QUE... EN MI CIUDAD NATAL TRABAJÉ EN UN RESTAURANTE DURANTE UN TIEMPO.

BUENO, ES BASTANTE FÁCIL.

¿AH, SÍ?

VAYA, ESTO SE TE DA MUY BIEN.

Toma, tus fideos.

¿EN SERIO?

¡¿EH?!

ACORDAMOS QUE TRABAJARÍAS AQUÍ MIENTRAS DECIDES QUÉ HACER A PARTIR DE AHORA, PERO ME DA MIEDO QUE TE SEA TAN FÁCIL ACOSTUMBRARTE.

Qué sincera...

NO SE GANA MUCHO...

¿UH?

¿Y POR QUÉ LO CAMBIASTE POR UNA OFICINA?

BUENO...

UGH.

TIENES RAZÓN.

EN ESTE TIPO DE TRABAJOS...

MI MADRE TAMBIÉN ES COCINERA EN UNA RESIDENCIA DE ANCIANOS...

Y...

6

NO...

BUE-
NO...

LO
SIENTO.

TENGO
QUE
IRME.

ÑUCU

...

Cuando me
abraza es
como si me
envolviera.

¿POR
QUÉ...?

ANDA,
DAME
UN
ABRA-
ZO

Hum

NOS
VEMOS
MAÑA-
NA.

...

12

14

¡KA-
NAE!

ESTOY
AQUÍ.

¡TOMO!

MIS
AMIGAS YA
SON MADRES
Y ES DIFÍCIL
QUEDAR CON
ELLAS POR LA
NOCHE.

SNACK

Peachpoin

PIG RO

TAM
BOURUE

ES UN
PLA-
CER.

GRA-
CIAS
POR
QUE-
DAR
CON-
MIGO.

OH,
VALE.

Además,
yo soy
más joven

HÁ-
BLAME
COMO
A UNA
AMIGA,
¿SÍ?!

SÍ,
¿VER-
DAD?

¿¡QU
É?!

¿TÚ
ERES DE
TOKIO,
TOMO?

A MÍ ME
HABRÍA
GUSTA-
DO IRME
A VIVIR A
TOKIO...

CREA

¿POR?

UH...

QUÉ
ENVI-
DIA...

16

CA...

¡¿CA-SAR-NOS?!

ENTONCES, CUANDO OS CASÉIS, ¿VIVIRÉIS EN TOKIO O AQUÍ?

¿QUÉ? AH, PERDONA. HE ASUMIDO QUE LO HA-RÍAIS.

DIGO, RYOHEI Y TÚ.

AH... ES VERDAD. QUERÍA PREGUN-TARTE UNA COSA, KANAE.

¡OH! DIME, DIME.

NO SÉ QUÉ PIENSA RYOHEI SOBRE ESTO...

HM...

BUENO, SI PODEMOS, SÍ QUE ME GUSTARÍA, PERO...

23

La tienda de bicicletas
de Takahashi

La tienda de bicicletas
de Takahashi

Capítulo 22

QUE RYOHEI SE ENCARGUE DE ÉL.

¡QUÉ RÁPIDO VA SHO!

BUENO, LUEGO AL VOLVER SE QUEDARÁ FRITO.

Y luego por la noche no duerme.

¡UN PERRITO!

YA SE LE HA PASADO.

PERO SI ACABAMOS DE SALIR DEL APARCAMIENTO.

¿las rodillas?

UFF, ESTO YA ME ESTÁ COSTANDO.

ME DUELEN LAS RODILLAS.

¡ES PRECIOSO!

¿HM?

SÍ.

RYOHEI TIENE UNA CONEXIÓN MUY PROFUNDA CON MASA.

SUPONGO QUE ESTOY ACOSTUMBRADO A LA VISTA PORQUE EL PADRE DE MASA SIEMPRE NOS TRAÍA AQUÍ.

PERO TIENES RAZÓN.

↑ Cargando con las mochilas.

32

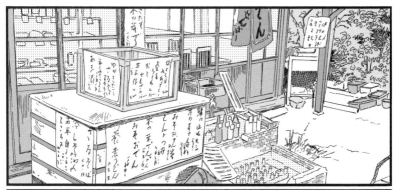

¿DE VER-
DAD? ME
ALEGRO.

QUÉ
BUENA
PINTA.
¡ESTO
ME EN-
CANTA!

HUM...
VALE.

Muerde
por el lado.

¿QUIE-
RES UN
POCO DE
DANGO,
SHO?

VAYA,
A TOMO
SÍ LE
HACES
CASO.

TOMO,
DEBE SER
AGOTADOR
LIDIAR
CON DOS
CRÍOS.

Comiendo
udon.

YO
TAM-
BIÉN.

あーん
Aaam

¡SHO!
AÚN NO TE
HAS TER-
MINADO EL
UDON.

NO
PUE-
DO
MÁS.

¡TAMBIÉN ESTÁ RYOHEI!

¡OH! ESA ES KANAE.

HACÍA MUCHO TIEMPO QUE NO TE VEÍAMOS, RYOHEI.

¡AH!

¡SHO!

¡SHO!

¿QUÉ? ¿ES RIKU?

RIKU.

¿KAMI HA BEBIDO?

PUES, AHÍ VAMOS TIRANDO.

¿Y TÚ?

SÍ, ¿SIGUES CON LA TIENDA DE BICICLETAS?

ASÍ ES, QUÉ TÍO.

EH... POR CIERTO...

TÍO, NO TE PREOCUPES POR MÍ.

¡¿AÚN VAS DE RUBIO?! ¡TE QUEDARÁS CALVO!

AH, SÍ...

BUENO...

PERO NO SABÍA QUE IBA A LA MISMA GUARDERÍA QUE SHO.

¡OH! ¡QUÉ GRANDE ESTÁ EL NIÑO!

SABÍA LO DE VUESTRA BODA,

EL OTRO DÍA, NOS REUNIMOS UNOS CUANTOS DE LOS QUE ÍBAMOS JUNTOS A CLASE, ¿NO TE ENTERASTE?

¡JA, JA, JA! ¡PERDONA!

...

AH, NO ME INTERESAN ESAS COSAS.

¡PAPÁ! ¡QUIERO IR A JUGAR CON SHO!

QUE LOS NIÑOS NO VAYAN SOLOS.

NO TE PREOCUPES, YA VOY YO. VOSOTROS TOMAROS VUESTRO TIEMPO.

¡EY!

¡VALE!

¡VAMOS A JUGAR ALLÍ!

¡VE!

pum

¡DATE PRISA Y VE A BUSCARLA!

UH...

VALE.

¿UH?

¿UH? ¿QUIÉN ES ESA?

¿UH?

¿TO-MO?

¡NO ME DIGAS QUE ES SU NOVIA!

YA NO ES COMO ANTES.

NO ES COMO LAS DE SIEMPRE...

¿EH? ¿EL QUÉ?

La que va a vigilar a los niños.

36

¿NO HAY NUTRIAS?

YO NO VEO NADA.

¿VES ALGO?

¿POR QUÉ ME SIENTO TAN TRISTE...?

QUÉ CALMA...

VA-LE.

A VER QUIÉN LA TIRA MÁS LEJOS.

OYE, OYE.

SÉ QUE TIENE SU PROPIA VIDA...

¡VAMOS!

AH...

ASUSTARÉIS A LOS PECES.

LO SIENTO... PERDÓN...

VALE...

SORA, ¡¿DÓNDE ESTABAS?!

Tachán

AH...

Papa.

¡DISCULPEN LAS MOLESTIAS!

"RYOHEI".

"AZU".

OTRA VEZ, OTRA VEZ.

EY, ME TOCA A MÍ.

AH... NO.

ME HE CONFUNDIDO.

¿LO CONOCES?

44

TUS PADRES TE LLAMAN.

Gracias por cuidarlos.

EY, RYOHEI TOMO.

RIKU NOS VAMOS.

AH... ¡NO!

A esos no se les da bien entender la situación.

Pss

PERDONA, TOMO.

NO PASA NADA.

LOS HE REGAÑADO.

MUCHAS GRACIAS.

AH, NO HA SIDO NADA.

No Flip

Z

LO SIENTO.

GRACIAS POR CUIDARLO.

...

¿TO-MO?

¿QUÉ HACEMOS PARA CENAR?

¿COMPRAMOS ALGO?

...

ES MI EX.

¿ESTÁS ENFADADA POR ESO?

OH... NO PENSABA QUE FUERA ALGO ESPECIAL QUE TUVIERA QUE DECIR.

¿Y NO ME LO PODRÍAS HABER DICHO?

NO.

NO... PIENSA UN POCO.

¡NO ME DIGAS ESO! ¡YA LO HE PENSADO!

¡VENGA!

¡DÍMELO CLARAMENTE! ¡POR FAVOR!

¿POR-QUÉ...

NO TE MOLESTA QUE TE LLAMEN MUJERIEGO?

MI PENE ES EXCLUSIVAMENTE TUYO.

¡NO EVADAS LA PREGUNTA!

YO NO SOY UN MUJERIEGO.

AH... ESO...

ME LO HAN DICHO MUCHAS VECES, NO PIENSO NADA AL RESPECTO.

...LA RELACIÓN NO HA DURADO MUCHO.

ES QUE... EN VERDAD SIEMPRE QUE HE SALIDO CON ALGUIEN...

...A TI TE DA IGUAL QUE TE LLAMEN ESO.

PARA MÍ, ES UN MOMENTO MUY IMPORTANTE. SIN EMBARGO...

ES COMO QUE...

Blop

Blop

NO...

ESO NO ES VERDAD...

AGH...

LO SIENTO MUCHO.

RYO-HEI...

...PARA TI, SOLO ES UNA EXPERIENCIA MÁS ENTRE LAS MUCHAS QUE HAS TENIDO.

ESO ME PONE TRISTE...

Frum

UH
...

PERDONA,
ME VOY
YA.

BUE-
NAS
NO-
CHES.

VALE
...

BUE-
NAS
NO-
CHES.

NO ME GUS-
TA QUE NOS
DESPIDAMOS
DESPUÉS DE
PELEARNOS.

NECE-
SITO...
DESPE-
JARME.

...

BɪN

¿MA-
MÁ?

TAL VEZ
ESTOY SIEN-
DO UN POCO
EGOÍSTA...

BɪN

BɪN

Blam

Capítulo 23

QUE APROVECHE.

中華飯店 万リ崎ちゃん
*RESTAURANTE CHINO SHO

¡BUEN TRABAJO!

¿QUIERES COMER ALGO?

AYER EN LA MONTAÑA... TAL VEZ TE SENTÓ MAL...

ESO DE MUJERIEGO...

POR CIERTO, TOMO.

¿SÍ?

...

mmm

KANAE, RYOHEI Y TERU IBAN A LA MISMA CLASE Y YO SIEMPRE ESTABA LIADO CON ACTIVIDADES DEL CLUB.

HABÍA MOMENTO EN LOS QUE PENSABA "GUAU, SE LO PASARON MUY BIEN EL OTRO DÍA".

YA NO ME IMPORTA...

AH... NO...

A MÍ TAMBIÉN ME PASÓ UNA VEZ.

BUENO, SUPONGO QUE TE SENTISTE UN POCO FUERA DE LUGAR.

Y AUNQUE NO ERA NADA MALO, ME SENTÍA TRISTE.

AH... ESO ME SUELE PASAR CUANDO VUELVO A MI CIUDAD.

ENTIENDO.

TAMPOCO PODÍA HACER NADA, PERO BUENO...

Masa no iba a la misma secundaria

LISTO.

TON

VOY UN MOMENTO AL BAÑO.

VALE.

DÉJALO AHÍ, YO PUEDO CON ESO.

Kimi

¡Cuánto tiempo! ¿Cómo estás?

¿Me puedes recomendar alguna empresa de mudanzas?

¿Me puedes recomendar alguna empresa de mudanzas?

CADA AÑO LE DOY UN PREMIO AL MEJOR FRACASO.

NO ES COMO QUE ME PAGUEN PARA ENSEÑAR A COCINAR, ASÍ QUE SI NO SALE BIEN NO ES MI CULPA.

¿ESO HACES? ¡VAMOS A SEGUIRNOS!

CADA VEZ QUE PUBLICO UNA RECETA EN TWITTER RECIBO UNO O DOS COMENTARIOS DICIENDO "PUEDO HACER X".

¡PFFF! ¿CUÁL FUE EL DEL AÑO PASADO?

¡Y NO PASA NADA SI NO SALE BIEN!

Tienes razón.

"¿Puedo añadirle X ingrediente?" "¿Puedo hacerlo con arroz?"

¿QUÉ HACES AHÍ?

¡UAH!

¡QUÉ SUSTO!

AÑADIR POLLO AGRIDULCE EN UNA TORTILLA.

¡CLARO!

¿AÚN PUEDO COMER?

¡No me mires así!

¡PFFF!

Ni caso...

AH, SÍ. EL POLLO ESTÁ BUENO.

ESO TIENE BUENA PINTA.

HOLA.

¿QUIERES LO MISMO?

HM. HOLA.

61

¿QUÉ TIPO DE PERSONA SERÁ?

QUIÉN SABE... AUNQUE TERU SE ECHE NOVIA, NO ME LO DIRÁ...

SALGO UN MOMENTO A BUSCARLA.

Un placer

MIL DISCULPAS.

BUENO, A PRIMERA VISTA PARECÉIS MUY DIFERENTES.

PENSÁNDOLO BIEN, ES INCREÍBLE COMO TÚ Y TERU OS ENTENDÉIS TAN BIEN.

¿POR QUÉ?

AH, YA...

NUNCA HABÍA VISTO A ALGUIEN CON TU APARIENCIA SER AMIGO DE UN OTAKU COMO TERU.

AUNQUE ME GUSTA EL ANIME Y EL MANGA...

Y Ultraman

AUNQUE TÚ TAMBIÉN LEES REVISTAS DE ANIME.

64

PERO CUANDO ÉL HABLA CON SUS AMIGOS OTAKUS, YO NO ME ENTERO DE NADA...

TERU ME EXPLICA LAS COSAS DE MANERA QUE PUEDA ENTENDERLAS.

ÉL SIEMPRE SE DA CUENTA DE CÓMO ME SIENTO...

TENGO QUE TENER CUIDADO CON ESTAS COSAS...

A LO MEJOR AYER ME PASÉ UN POCO...

pero...

PERDÓN POR MOLESTAR...

ESTAMOS AQUÍ.

ELLA ES MI AMIGA SAYURI.

¡HOLA!

PERDÓN POR PRESENTARME DE REPENTE.

¡¡HANNO!!

¿QUÉ?

KAWA-MURA.

KA...

¡¿EEEEEEEEEEEEEEEH?!

LO SIENTO...

O-OYE HANNO...

NO HACE FALTA, EN SERIO.

Bien sentados

Uff.
LO SIENTO MUCHO.

NO, O SEA, SÍ QUE FUE MUY DURO PERO...

VES, LO SABÍA.

POR FAVOR, NO ME INTERRUMPAS.

¿SERÍA MEJOR SI YO TAMBIÉN ME DISCULPARA?

DEJAROS TIRADOS TAN DE REPENTE...

DE VERDAD, LO SIENTO MUCHO.

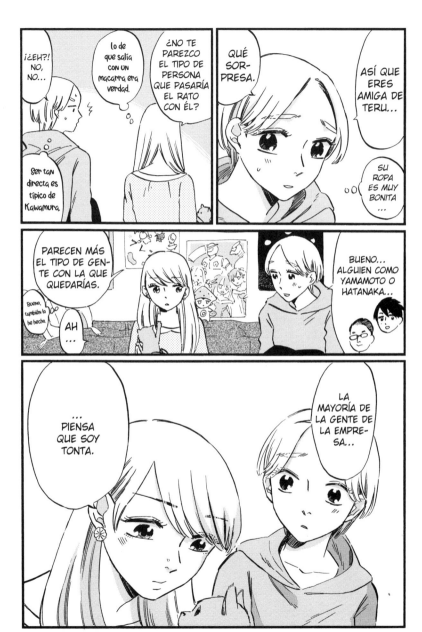

¡¿EH?! NO, NO...

lo de que salía con un macarra era verdad.

¿NO TE PAREZCO EL TIPO DE PERSONA QUE PASARÍA EL RATO CON ÉL?

QUÉ SOR- PRESA.

ASÍ QUE ERES AMIGA DE TERU...

Ser tan directa es típico de Kawamura.

SU ROPA ES MUY BONITA...

PARECEN MÁS EL TIPO DE GEN- TE CON LA QUE QUEDARÍAS.

Bueno, también lo he hecho.

AH...

BUENO... ALGUIEN COMO YAMAMOTO O HATANAKA...

... PIENSA QUE SOY TONTA.

LA MAYORÍA DE LA GENTE DE LA EMPRE- SA...

71

CUANDO SE LO CUENTO A LOS DEMÁS, LA GENTE SE PIENSA QUE SOLO QUIERO HACERLOS REÍR.

A MÍ... ME ENCANTAN LAS SERIES CON UN MONTÓN DE EFECTOS ESPECIALES, COMO GODZILLA Y ULTRAMAN...

¡OOOH!

Aunque sea rara.

NUNCA ME HA JUZGADO.

CONOCÍ A MIWA GRACIAS A NUESTRAS AFICIONES.

SIMPLEMENTE ME ESCUCHA

Y SIEMPRE ME HABLA COMO A UNA IGUAL.

72

¡¡OH!! ¡ESTOFADO!

¡A MÍ ME ENCANTA!

A LO MEJOR ME HA QUEDADO UN POCO AMARGO.

Madre

TERU ES MUY BUENA PERSONA.

SÍ, LO ES.

AH, SÍ. ASÍ ES.

HOY TOMO ESTÁ HABLANDO MUCHO DE SU VIDA...

El tofu ya está.

¡¿QUÉ?! ¡¿HANNO ES DE TOKIO?!

NO TENÍA NI IDEA.

ENTONCES... ¿VAS A VOLVER A TOKIO ALGÚN DÍA?

Tick

FU
FU

...

YO SOY LA HIJA PEQUEÑA...

FU
FU

AH...

TAL VEZ NO.

AH... NO.

NO QUIERO ESTAR LEJOS DE MI PERRO...

ME PREOCUPA ESTAR SEPARADA DE MI FAMILIA.

KAWA-MURA.

Voy a meter los fideos.

ENSÉÑA-ME UNA FOTO.

Tomo

¿TIE-NES

¿UH...? AH, SÍ... AUNQUE YA ESTÁ MA-YOR...

UN PE-RRO?

¿Ryohei, esto lo has metido tú?

SI TE DESEN-TIENDES, ¿NO SERÍA MUY TRISTE?

POR UN MOMEN-TO...

...

ME HE PREGUN-TADO...

¿QUÉ HARÍA YO SI RYOHEI ME DIJERA QUE REGRESARA A TOKIO?

NO ME VOY...

...A DESENTENDER.

ÉL ES MUY ATRACTIVO.

AUNQUE YO NO ESTUVIERA...

... ENSEGUIDA ENCONTRARÍA A ALGUIEN QUE QUERRÍA ESTAR A SU LADO.

Es profesora de cocina.

¿¿Eh?!

LA MADRE DE TERU COCINA MUY BIEN.

SIEMPRE HACE DULCES CON NOMBRES QUE NUNCA HABÍA ESCUCHADO.

La carne estaba buena.

ESTÁN BUENÍSIMOS.

ESE PENSAMIENTO SE ME PASÓ POR LA CABEZA.

Oh
...

La tienda de bicicletas
de Takahashi

La tienda de bicicletas
de Takahashi

Capítulo 24

ZAAAS

¿PUEDO
HACER
ALGO?

TE
DIJE QUE
TE AYUDA-
RÍA.

AVÍSAME.

ESTO...

ADEMÁS,
NO PUEDES
CERRAR LA
TIENDA.

NO, YA TE
HE DICHO
QUE ESTOY
BIEN.

PERO
GRACIAS.

84

CYCLE SHOP TAKAHASHI

ブリヂストン ●●●●-●●●● BRIDGESTONE

みかん 一盛

RAC グラグラ...

RAC

Aho-ra...

RAC

JITE

BUE-NO...

NADA...

¿DE COMPRAS?

EY.

SÍ.

¿UH?

¿QUÉ PASA?

ES SOBRE TOMO...

UH. ¿QUÉ PASA?

EL OTRO DÍA...

ESTABA BUSCANDO UNA EMPRESA DE MUDANZAS.

NO SÉ... NO LE PREGUNTÉ.

¿POR QUÉ?

EL OTRO DÍA, CUANDO FUIMOS A LA MONTAÑA, NOS PELEAMOS.

LO SÉ.

¡¿QUÉ?! ¡¿CÓMO?!

Se nota con mirarlos.

¡Zo, Zas!

ME PREGUNTO QUE PENSARÁ TOMO DE TI.

Y ME PREGUNTÓ QUÉ ME GUSTABA DE ELLA.

¿Y QUÉ DIJISTE?

¿QUÉ PASÓ?

SE ENFADÓ PORQUE NO DIJE NADA CUANDO ME LLAMARON MUJERIEGO.

QUÉ MAL, TÍO...

¡NO ME DIGAS ESO!

PERO SIENDO HONESTO...

Buf

ME DISCULPÉ POR LO DE MUJERIE-GO...

PERO NO PUDE DECIRLE LO QUE ME GUSTA DE ELLA.

...

YA LE EXPLIQUÉ NO SOY UN MUJE-RIEGO...

...NO ENTIENDO POR QUÉ SE ENFADÓ TANTO.

KANAE ERA IGUAL.

YA VEO...

YO SÍ LO EN-TIENDO.

¡SI TÚ NO LO NIEGAS EN ABSOLUTO, TAMBIÉN ESTÁS MENOSPRE-CIANDO A TOMO!

OYE.

¿QUÉ
PASA?

¿QUÉ
...?

DESDE QUE LLEGASTE A MI CASA...

...

¡¡TÚ NO TE ME- TAS!!

¡¿UH?!

¡¡LO ÚNICO QUE HACES ES ESTAR DEPRIMI- DO!!

¡¡EN SE- RIO, ERES UN CABE- ZAHUE- CA!!

Fium

TE LLEVO A LA ESTACIÓN.

VOY A PREPARARME.

¡VALE!

GIFU HASHIMA STATION

SI ESTÁS PREOCUPADO...

...PUEDO ACERCARME DE VEZ EN CUANDO A VER CÓMO ESTÁ.

LO SIENTO, ESTABAS HACIENDO LA COMPRA...

NO PASA NADA.

¿RYOHEI?

¿HM?

ESTÁ BIEN.

MÁS QUE ESO...

GRACIAS.

HMM...

NO...

...

Déjame aparcar.

VALE, VALE...

TE ACOMPAÑO.

En la taquilla de...

¿Uh? ¿Dónde está eso?

¿CÓMO SE COMPRA UN BILLETE PARA EL SHINKANSEN?

¿AHORA FALTA LIMPIAR?

BUENO, YA CASI ESTÁ TODO ORDENADO.

AÚN NO, ¿QUE VAS A HACER CON TUS MANGAS?

AH, ES VERDAD.

...

ESCUCHA...

ME GUSTARÍA PEDIRTE UNA COSA...

ME SIENTO MAL PORQUE PARECE QUE TE HAYA ENREDADO PARA HACER ESTO PERO...

¿EH?

Cocina

ESTO...

¿EH? ¿QUÉ ES?

Fras ふわっ

ES PELO DE TAMOTSU.

AH... ESTO...

¡¿QUÉ?!

¡Ostras!

¿QUÉ HA PASADO?

¿ES EL QUE CORTASTE EN SU FUNERAL...?

BUE-
NO...

ME
GUSTARÍA
QUE SE LO
DIERAS A
HAYATO...

¿EH?
¿HAYA-
TO...?

NUNCA
TE LO HA-
BÍA DICHO,
PERO...

La tienda de bicicletas
de Takahashi

La tienda de bicicletas
de Takahashi

Capítulo 25

AH...

DEBERÍA AVISAR A TOMO...

NO... PENSÁNDOLO BIEN, ¡¿TAL VEZ LA MOLESTO?!

"NO TIENES POR QUÉ...

ME HA DICHO QUE NO FUERA...

¿QUÉ LE DIRÉ CUANDO LA VEA?

110

UFF...

ME DUELEN LOS BRAZOS.

¿LOS DOS PARAN EN TACHIKAWA?

SALIDAS ANDÉN 2
ALTA VELOCIDAD TAKAOMACHI 13.12
ALTA VELOCIDAD OME 13.18
DIRECCIÓN OCHANOMIZU - SHINJUKU - TACHIKAWA

ESTE VA A AOUME

¡OH!

EL SIGUIENTE QUE PARA AQUÍ, ¿VA A TACHIKAWA?

UPS

¡¿EH?! ¡¿ME LLAMAS A MÍ...?!

SEÑORITA.

SEÑORITA.

YA VEO.

GRACIAS.

YO TAMBIÉN VOY A TACHIKAWA.

SÍ, SÍ QUE VA.

ESPE-RE.

¿EH? OIGA...

NO HACE FAL-TA...

Sup Li

TREN RÁPIDO DIREC-CIÓN A TAKAO.

Ñag

¡OH...!

CLARO, DISCULPE.

¿LE PA-RECE BIEN AQUÍ?

JO-VEN... TIE-NES UNA CARA BONI-TA.

¿GRA-CIAS?

QUÉ CHICO TAN EX-TRAÑO.

Mirando la pan-talla.

¿UH?

VALE.

VAYA
CON
CUI-
DA-
DO.

Gracias.

BUENO, TENGO
QUE SUBIR AL
MONORRAÍL
AQUÍ PARA
IR HASTA EL
CENTRO DE
TAMA...

ほ ほ
~ ~
Hum Hum

Si va por
este lado
enseguida
verá el bus
que

CREO
QUE SE
ME OLVIDA
ALGO.

ウィ
ー
ー
Bish

En Gifu es normal ocupar ambos
lados de la escalera mecánica.

114

¡UAH!

MIER-
DA.

PERDÓN, SOLO
QUIERO BUSCAR
SU INFORMACIÓN
DE CONTACTO.

HA DICHO
QUE IBA HASTA
EL CENTRO DE
TAMA EN MONO-
RRAÍL.

YA SABÍA
QUE NO LA EN-
CONTRA-
RÍA...

Argh,
qué
tonto
soy

OH.

¡OH! ¡ES MI BOLSA!

¡me acuer-do de ese flequillo!

¡¿UH?! ¡ERES EL JOVEN DE ANTES!

¡SANTO CIELO!

SEIKO.

QUÉ BIEN QUE LA HE ENCONTRADO.

DE VERDAD, MUCHÍSIMAS GRACIAS.

Flip Flip Flip

¡ME HABÍA OLVIDADO POR COMPLETO QUE LA TENÍAS TÚ!

¡QUÉ VERGÜENZA! ¡LO SIENTO!

¡QUÉDATE UN RATO! HE COMPRADO UN PASTEL PARA MI NIETO.

HOLA, ABUELA.

ME ALEGRO DE HABERME ENTRETENIDO POR EL CAMINO.

¡OH! JÓVEN,

ESE ES EL NIETO DEL QUE TE HABLABA.

¿EH?

ESTO...

¡KOU!

¡ES ÉL!

ES EL CHICO AMABLE DEL QUE TE ESTABA HABLANDO ANTES...

¿UH...?

¿QUÉ PASA?

¿?

¿RYO-HE?

Raaac
ガタッ

Ugh

ENSEGUIDA ESTARÁ EL TÉ.

¡PERDONAD! RYOHEI Y YO VAMOS A HABLAR EN PRIVADO UN MOMENTO.

¡¿CÓMO TE HAS HECHO TAN AMIGO DE MI ABUELA?!

Solo lo conozco como Mister Complaciente

¿Y TÚ QUÉ HACES AQUÍ?

¡¡ESO DEBERÍA PREGUNTARLO YO!

¡ES MI CASA!

バタン!!
Blam

¿Y POR QUÉ HAS VENIDO HASTA UN BARRIO A LAS AFUERAS DE TOKIO?

SEIKO Y YO HEMOS VENIDO JUNTOS DESDE LA ESTACIÓN DE TOKIO.

¿PUEDES, POR FAVOR, NO LLAMAR A MI ABUELA POR SU NOMBRE?

Y SIN DAR-
ME CUENTA
HE ACABADO
AQUÍ.

HE VENIDO
A BUSCAR A
TOMO...

HUM
...

Ris
ヤ''
Ris ''
ヤ''
''

A ver
qué le digo
a este...

¿LE HA
PASADO
ALGO A
HANNO?

¿?

¿...?

TAL VEZ...
ES POR-
QUE...

NO SOY MUY
BUENO CON
LAS PALA-
BRAS...

¡YA
ESTÁ
LISTO
EL TÉ!

TOMA, TE LO DEJO AQUÍ.

MN.

QUE SÍ.

EL CAFÉ SE TE VA A ENFRIAR, BEBÉTELO RÁPIDO.

¿HA PASADO ESO DENTRO DEL TREN...?

LAMENTO LAS MOLESTIAS QUE TE HA CAUSADO MI MADRE...

Que se vaya ya.

NO HE PENSA-DO QUE SEA...

¡AHORA QUE LO DICES!

NO... NO IM-PORTA.

Me quiero ir ya.

¿QUÉ ERA LO QUE QUERÍAS ENSEÑARME, ABUELA?

ANTES ERA MUY COMÚN, PERO AHORA YA NO QUEDAN MUCHOS SITIOS QUE HAGAN ESTAS COSAS.

POR ESO HE IDO AL CENTRO.

Y POR LA QUE ESTE JOVEN ME HA TENIDO QUE AYUDAR.

¡ES VERDAD! ES LA RAZÓN POR LA QUE TE HE PEDIDO QUE VINIERAS.

Ton

UH...

¿QUÉ ES ESTO?

126

Capítulo 26

JA, JA...

BUENO...

ESTA CHICA TIENE TU MISMA EDAD.

ADEMÁS, TAMBIÉN HA ESTUDIADO EN EL EXTRANJERO, ¿NO ES MARAVILLOSO?

¡¿PERO QUÉ DICE, MADRE?!

NO ME GUS- TA...

LO SIEN- TO.

¿NO TE INTERESA NINGUNA? EN- TON- CES...

¿UH...? ¿A QUÉ TE REFIERES?

¡¡ES QUE...!

FFas

¿SI SIGO HABLANDO NO COMPLI- CARÉ LAS COSAS?

A MÍ...

Ufff

Tum

Tum

Tum

Tum

140

SÍ LO
ES...

YA
VEO
...

DEJA TU TRABAJO Y VUELVE A CASA.

NO PASA NADA.

UNA AMIGA MÍA CONOCE... UN BUEN HOSPITAL.

NO...

¿CURARME...?

TE CURARÁS.

¿DE ACUERDO?

143

...QUE MI PADRE ESTABA ENFERMO?

ANDA
...

BEBE
UN PO-
CO.

Ahora
no me
puedo ir

¿ESTÁ
BIEN?

ABUE-
LA...

LO
SIENTO.

PERDÓ-NAME.

¡OSTRAS, YA SON LAS 2 DE LA TARDE!

ME TENGO QUE IR.

¿UH?

¿QUÉ?

O-OYE...

ESO NO TIENE NADA QUE VER.

PERO ES VERDAD QUE NI YO NI MI MADRE PUDIMOS ENTENDERLO.

¿Qué demonios estoy diciendo?

PERO BUENO,

TÚ CUIDA DE SEIKO.

OYE...

¿IBAS A TACHIKAWA?

AJÁ.

¿TE... LLEVO?

¡¿EN SERIO?!

ざわ... Tap

Estarás cansado de trenes.

La tienda de bicicletas
de Takahashi

La tienda de bicicletas
de Takahashi

PER-
FECTO.

MU-
CHAS
GRA...

CIAS
...

ザ
ガ
チ
ャ

Flas

AQUÍ TIENE SU MEDIANA, LA MITAD DE PATATAS CON MAYONESA Y LA MITAD DE POLLO CON MAYONESA DE TERIYAKI.

Y LOS BORDES LLEVAN QUESO.

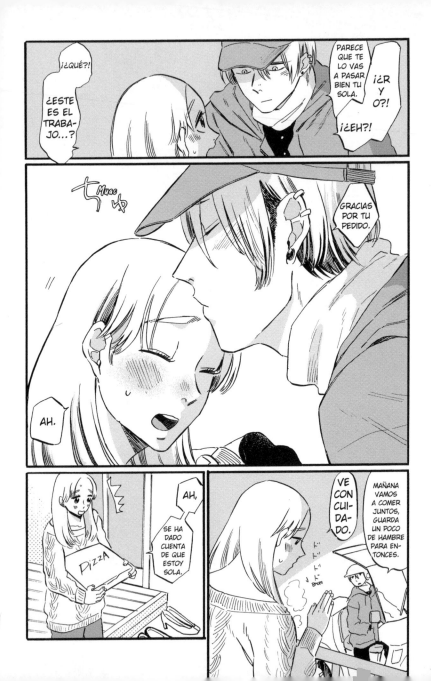

Epílogo

Esta es una historia de mucho antes de empezar a dibujar la historia de Takahashi. Cuando tenía 23 años me mudé a Tokio y fui a un programa de entrevistas de un cómico que me gustaba. **(ya hace 12 años, qué duro)**

En la entrevista, otro cómico que había ido como invitado contó una historia sobre una vez que había visitado un reformatorio durante un viaje por Japón. Cuando le preguntó a uno de los niños del centro: "¿Por qué te has convertido en un delincuente?", este le respondió: "Tanto mi padre como mi madre trabajaban y no había nadie en casa por las noches. Me daba miedo y por eso salía a la calle. Era allí, bajo la luz de las farolas, done siempre me encontraba con delincuentes y era con ellos con quien me relacionaba". A eso el cómico añadió: "¿Estaba solo por las noches y como le daba miedo dormir solo se convirtió en un delincuente? ¡Adorable!". A mí no me parece adorable. **(¿Su intención era hacer reír?)**

Para un niño, estar solo por la noche sin su padre o su madre tiene que ser aterrador. Sin embargo, por sus circunstancias, los padres de ese niño no pudieron estar con él y los adultos acabaron etiquetándolo de "delincuente"... Es algo que va más allá de lo que él pudiera haber hecho. Sigo pensando que las cosas podrían haber sido muy diferentes si alguien hubiera estado con él durante esas noches de soledad.

(aunque nunca lo he conocido)
Cuando dibujo a Takahashi a veces ese niño me viene a la mente. Takahashi tiene esta personalidad porque tenía gente amable y comprensiva a su lado, como Masa, Teru, la abuela de la verdulería y el macarra que le daba bollos con pepitas de chocolate. (Algún día me gustaría dibujar la historia con su exnovia).

Takahashi y Panko, y también Yamamoto, vivían en el pasado y por eso no podían cambiar el presente. Sin embargo, pienso que al estar con alguien que siente lo mismo, ("estoy herido, duele, no sé lo que piensa pero aún así quiero conocer a esta persona") ambos pueden compensar la soledad que han sentido en el pasado.

Deseo que el chico del reformatorio que he mencionado antes haya conseguido conocer a alguien así. Cambiando de tema, sobre la pregunta "¿Cómo vivirá Panko de ahora en adelante?" que me hice en el tomo anterior, ya tengo la respuesta. Aunque puede que al 70% de los lectores no os guste. ¡¡Pero voy a dibujarlo!! ¡¡Nos vemos!!

Un agradecimiento especial a:
A mi marido. A mi asistente Takemaru. A F. A Mon, a cargo de mi salud mental. A mi editora N.

ARARE MATSUMUSHI

EL PADRE VIVE CON SU NUEVA FAMILIA.
LA MADRE VIVE LEJOS Y SOLA.

¿PANKO SE IRÁ A VIVIR CON RYOHEI? ¿SE
CASARÁN? ¿O TENDRÁN UNA RELACIÓN
A DISTANCIA, UNO EN GIFU Y LA OTRA
EN TOKIO?

EL AMOR ENTRE DOS ADULTOS ES IM-
PREDECIBLE... PERO MIS SENTIMIENTOS
POR TI NO CAMBIARÁN.

PRÓXIMAMENTE
QUINTO TOMO

La tienda de bicicletas
Takahashi 4

La tienda de bicicletas de Takahashi, volumen 4,
de Arare Matsumushi
©Arare Matsumushi 2019
All rights reserved
First Published in Japan in LEED PUBLISHING Co., Ltd.
Spanish translation rights arranged with LEED
PUBLISHING Co., Ltd. through Digital Catapult Inc.

Primera edición: marzo de 2024
Título original: *Jitenshaya-san no Takahashi-kun*
Publicado originalmente en Japón por LEED
PUBLISHING Co., Ltd. 2019.

© del texto, Arare Matsumushi 2019
© de la traducción, Raquel Viadel, 2024
© de esta edición, Futurbox Project S. L., 2024
Todos los derechos reservados.
Los derechos de traducción al español se han gestionado
con LEED PUBLISHING Co., Ltd. mediante Digital
Catapult Inc., Tokio.

Publicado por Kitsune Books
C/ Roger de Flor, n.º 49, Esc B, Entresuelo, Despacho 10
08013, Barcelona
www.kitsunemanga.com

ISBN: 978-84-18524-98-1
THEMA: XAM
Depósito legal: B 10580-2023
Preimpresión: Taller de los Libros
Impresión y encuadernación: Liberdúplex
Impreso en España – *Printed in Spain*